ChristianVogt

Erfolg im Kopf

Warum wir
dringend erfolgreiche
Unternehmen benötigen

ChristianVogt

Erfolg im Kopf

Warum wir dringend erfolgreiche Unternehmen benötigen

ERFOLG IM KOPF

Bibliografische Information der Deutschen Nationalbibliothek: Die Deutsche Nationalbibliothek verzeichnet diese Publikation in der Deutschen Nationalbibliografie; detaillierte bibliografische Daten sind im Internet über dnb.dnb.de abrufbar.

Umschlaggestaltung: Christian Vogt
Gedruckt in Deutschland

Herstellung und Verlag: BoD – Books on Demand, Norderstedt

ISBN: 9783734746222

ERFOLG IM KOPF

Widmung

Meiner lieben Frau Alexandra

Eine Künstlerin der besonderen Art.

Sie hat mir immer wieder in den Hintern getreten, um dieses Buch fertigzustellen.

Meinen Mentoren

Die mich immer wieder motiviert, und mich auch in Phasen der Ungewissheit aufs Neue gefestigt haben.

Den Unternehmen und Startups

Ihr seid meine größte Motivation. Das Unternehmertum wird oft zu wenig gewürdigt.

Wir alle sind stolz auf euch. Ihr seid das Wirtschaftswunder mit eurer Empathie, eurem Ehrgeiz und eurer Entschlossenheit.

Vielen Dank dafür.

Vorwort

Unternehmer und Startups: Dahinter stecken im Grunde auch nur Menschen.

Menschen, jedoch mit Visionen, Zielen und Ideen. Manchmal verrückt und unwirklich, dann wieder hochgradig vernünftig und dem Mainstream entsprechend.

Was treibt diese Menschen nur an, dass sie es wagen, ein Unternehmen zu gründen, enorme Einstiegshürden in Kauf zu nehmen, und sich durch nichts und niemanden davon abbringen zu lassen?

Es sind im Grunde nur eine Handvoll Fähigkeiten dafür notwendig. Diese jedoch sollten definitiv vorhanden sein.

Dann können aus diesen Menschen die berühmten 1 % werden. Unternehmen, die jeder respektvoll betrachtet, und vielleicht in Zukunft mit dem berühmten *„Wir haben immer schon gewusst, dass es funktioniert"* erwähnt werden.

Alle Kapitel sind bewusst kurz und knapp geschrieben, sie folgen keiner Chronologie. Suchen Sie sich das Thema heraus, dass sie gerade interessiert.

Den Wagemutigen gehört schon jetzt die Zukunft.
Packen wir es an.

Inhalt

KAPITEL I

Der Schweinehund in mir

Überwindung, Inspiration, Motivation

Es war einer dieser beschissenen Tage, wo mein innerer Schweinehund wieder zu Höchstleistungen mutiert ist. Draußen waren es gefühlte minus 20° und natürlich musste sich meine derzeitige depressive Phase im Winter manifestieren. Typisch, dachte ich, könnte ja auch im Sommer sein. Mein langer Weg der Selbstständigkeit trieb mich durch alle Höhen und Tiefen. Und wenn ich dachte, es wird wieder besser: Zack, wieder eins auf die Schnauze.

Hier lag ich wieder einmal. Mein Tal der Tränen war vollgelaufen und ich war ganz knapp am ersaufen. Dachte ich damals. Jedoch, ich konnte schwimmen.
Genau aus dieser Feststellung heraus fasste ich zum wiederholten Mal einen Entschluss: Einmal geht noch! Und ich begann, bei diesen Temperaturen Körper und Geist zu lüften.

An diesem besagten Tag, es war ein Sonntag, begann ich um 5.15 Uhr wieder von vorne. Also hinein in die Sportschuhe und Trainingsklamotten und hinaus in die dunkle Nacht. Und wer bei diesen Temperaturen schon mal untrainiert gelaufen ist weiß, was jetzt kommt. Die ersten drei Kilometer Laufstrecke waren aufgrund des von mir überaus motivierten und viel zu schnellen Tempos ganz easy, dachte ich wenigstens. Dann kam jedoch ziemlich schnell die Ernüchterung. Brennende Lungen und tränende Augen sind super, wenn der Weg zurück länger ist, als die schon gelaufene Strecke. Ich stellte jedoch fest, dass mein Körper und vor allem mein Geist auf eine eigenartige Weise ruhiger und klarer wurden – die Schmerzen blieben trotzdem. Meine Gedanken, vorher geplagt von negativen Horrorszenarien, wurden zunehmend positiver, und es stellte sich eine Art Euphorie ein. Hatte ich meinen inneren Schweinehund tatsächlich wieder besiegt?

In mir reifte also erneut der Entschluss „ATTACKE" zu machen. Mein erster Gedanke wurde wieder in den Fokus gerückt: *Eigentlich kennst du dich im Verkauf gut aus. Mach jetzt endlich was daraus!*

HAHA. Natürlich voll einfach. Allerdings, mein Entschluss stand wenigstens wieder fest. Ich fange nochmals ganz von vorne an. Was habe ich zu verlieren? Nichts. Was kann ich gewinnen? Alles.

Gott sei Dank hatte ich genügend finanzielle Reserven, um den RESET-Knopf drücken zu können.

Als Faustregel für die Planung einer Selbstständigkeit sollte auch heute noch gelten:

Die Rücklagen müssen ohne Arbeitstätigkeit für ein Jahr mindestens ausreichen, und ich war heilfroh, diese Regel eingehalten zu haben.

Der Firmenkundenbereich war mir schon bestens bekannt und vertraut. Genau hier wollte ich auch meinen neuen Weg beginnen.

Was habe ich also gemacht? Erst einmal jedem erzählt, was ich alles geplant habe. Wenn Sie sich einigermaßen in diese Lage versetzen können, dann wissen Sie jetzt, was kommt.

Das wird nichts, dass kannst du nicht, lass das die intelligenten Leute machen. (Die hatten mich echt für dumm gehalten) Kurzum, es war für mich die wichtigste Lektion und eine wichtige Motivation.

Umgib dich mit Menschen, die dich fordern und fördern und höre nicht auf Menschen, die für bereits vorhandene Lösungen weiterhin Probleme suchen.

Vor allem aber:

Vermeide Ratschläge von „guten Bekannten"!

Kapitel II

L(i)ebe den Verkauf

**Eine der wichtigsten Regeln.
Ohne Verkaufen geht es nicht.**

Und genau deswegen wollte ich es jedem beweisen, vor allem mir selbst. Von Grund auf lernte ich beim größten deutschen Finanzdienstleister alles über Finanzen und Investmentgeschäfte. Hand aufs Herz, ich konnte damals gerade so ein Konto eröffnen und verwalten. Das war ein Bereich in meinem Leben, den ich nie gelernt hatte, schon gar nicht in der Schule.

Diese Ausbildung verschaffte mir einen umfangreichen Einblick in die Welt der Zahlen, Statistiken und des Geldkreislaufes. Der Finanzbereich ist somit so ziemlich das härteste Verkaufsgebiet. Es gibt keine greifbaren Produkte, sondern ich lernte, wie wichtig es ist, Vertrauen beim Kunden gewinnen zu können, und wie Bilder im Kopf beim Kunden erzeugt werden. Hier bekam ich durch viele Schulungen, Seminare, Workshops und Zertifizierungen das Rüstzeug zum richtigen Verkauf. Und es machte mir wieder Spaß, mit Menschen zu arbeiten.

Mit zunehmender Qualifikation wuchs dadurch auch zunehmend wieder meine Begeisterung für den Verkauf.

Meine Akquisetätigkeit machte diesmal auch vor Firmenkunden nicht halt. Ich bewunderte immer schon Menschen, die ihrer Vision folgend, ein Unternehmen gründen. Diese Unternehmer mussten feste Ziele im Kopf haben, die sie nur hier umsetzen konnten. Somit begann ich meine Akquise im Firmenbereich zu konkretisieren. Anscheinend machte ich meine Sache ziemlich gut, und nach ein paar Gesprächen, mit einem zur damaligen Zeit sehr erfolgreichen Photovoltaik-Unternehmen wurde mir ein sehr lukrativer Job als Niederlassungsleiter angeboten. Die Gehaltsverhandlung und anschließende Zusage wirkte sich sehr positiv auf meine Finanzen aus. Ich sagte nach einer kurzen Bedenkzeit zu.

Mich faszinierte daran vor allem eine komplett andere Produktsparte. Der Firmen- und Privatkundenbereich konnten unterschiedlicher nicht sein. Und ich hatte jetzt auch noch Mitarbeiter zu führen, Umsatz und Quartalszahlen zu erfüllen, mit Lieferanten zu sprechen und Zulieferverhandlungen mit ihnen zu führen. Alles in allem eine komplexe neue Welt. Und mir gefiel diese Welt.

In kürzester Zeit haben wir im Team diese Niederlassung komplett neu strukturiert, den Markt neu sondiert, die Produkte gestrafft, und natürlich die Umsatzzahlen und Auftragszahlen in den lukrativen Bereich getrieben.

Die Abnehmer unserer Produkte waren nun verstärkt Firmenkunden, die über sehr große Dächer und Freiflächen verfügten. Hier wurden die verhandelten Summen der Abschlüsse oft im hohen fünfstelligen Bereich getätigt. Und je öfters ich mit Unternehmern Geschäfte getätigt hatte, desto mehr interessierte mich deren Geschichte zur Unternehmensgründung. Warum haben sie das Unternehmen gegründet? Was bewegte sie dazu? Wie haben sie es geschafft so erfolgreich zu werden?

Leider ist dieses Unternehmen, wie auch der Großteil der meisten anderen PV-Firmen, der staatlichen Regulierung zur Einspeisevergütung zum Opfer gefallen. Das Ende kam dann zur Weihnachtszeit. Super Zeitpunkt, um wieder einmal NEU anzufangen.

Mein Weg führte mich erneut zurück in den Finanzbereich, nur diesmal mit einem enormen Wissen im Industrieverkauf. Dieses Wissen machte ich mir jetzt zunutze und begann, - ich denke es war im Oktober 2015 - mein erstes Business-Treffen mit Unternehmern zu planen.

Ich war von dieser Idee so fasziniert, Unternehmen aus verschiedensten Sparten für einen Abend an einen Tisch zu bringen, und gemeinsam zu wachsen, dass nun daraus eine neue Vision erwuchs. Wir wollten die Business-Treffen als eigenständige Marke, als eigenständiges Branding, in die Köpfe der Unternehmer bringen.

Das **Business Master** – Veranstaltungen für Unternehmer und Startups, und in Erweiterung für diverse Intensivschulungen und Einzel- / Gruppen-Coachings wurde das **Business Master Pro** in Gang gesetzt. Der erste Schritt war getan.

Rückblickend betrachtet war diese Vision eine sehr gute Entscheidung. Mit zunehmender Akzeptanz, und die ist in einigen Bereichen von Niederbayern nicht selbstverständlich, haben sich zahlreiche Kooperationen, Partnerschaften und sogar Freundschaften gebildet. Ich bin schon gespannt, wie diese Entwicklung weiter verläuft.

Kapitel III

Brennen Sie für ihr Unternehmen?

Werden Sie zum Markenzeichen für Ihre Kunden.

Mein erstes Treffen mit Claus Hipp* fand bei einem Unternehmer-Abend in einem sehr großen und bekannten Autohaus statt. Die Abendveranstaltung war bis auf den letzten Platz ausgebucht. Zahlreiche Nachzügler fanden sich auch noch auf den nicht sehr begehrten Stehplätzen ein.

Der mehrstündige Dialog wurde für alle Beteiligten zu einer Zeitreise in die Entstehungsgeschichte der Firma Hipp. In seinen teilweise höchst amüsanten Anekdoten referierte Claus Hipp über Episoden aus seinem Unternehmerdasein.

Mich fasziniert immer noch der einfache und doch prägnante Satz: *„Dafür stehe ich mit meinem Namen"*

Dieser Slogan war und ist für viele Generationen ein

Synonym für Qualität, Zuverlässigkeit und Nachhaltigkeit. Das Gespräch mit Claus Hipp war von viel Begeisterung für sein Unternehmen geprägt, und in ausführlicher Weise vermittelte er, wie er seine Firma für die Zukunft fit machen will.

In seinem Buch *Das Hipp-Prinzip* greift er seine persönlichen Überzeugungen und Erfahrungen auf und beschreibt, was unsere Gesellschaft, und vor allem jeden einzelnen zu einem authentischen Leben und zur Verwirklichung der eigenen Ziele verhilft.

Viele Firmen nutzen mittlerweile ein einzigartiges Branding, sei es einen Jingle, ein prägnantes Logo oder einen Slogan. Und wer kennt nicht

I´m lovin' it oder **Just do it**. Sie haben alle eines gemeinsam: Es sind Werbebotschaften, die Markenbewusstsein, Innovation, Vertrauen und Statement vermitteln, und somit auch in den Köpfen der Konsumenten bleiben. Gerade Unternehmen und Startups sollten ihre Visionen und Ziele konsequent verfolgen, und sich durch nichts aufhalten lassen.

Vielleicht erkennen Sie jetzt schon die Notwendigkeit eines Markenzeichens. Wie Sie auch immer bei Ihren Kunden in Erscheinung treten wollen, Sie sind einzigartig, und so sollte auch Ihr Markenzeichen sein.

Kapitel IV

Haben Sie eigentlich schon genügend Neukunden?

Warum wir vom „Bestand" nicht überleben können.

Für große Unternehmen klingt es nahezu selbstverständlich, darauf mit stolzgeschwellter Brust mit JA zu antworten. Nur: So einfach wollen und können wir es uns nicht machen.

Ich hatte immer wieder die gleichen Themen, gerade bei Startups oder in Unternehmen mit starker Akquisetätigkeit zum Produkt. Bei genauer Betrachtung kamen immer wieder die gleichen Ausreden, warum das Neukundengeschäft so schwierig ist. *Unser Produkt ist zu teuer, es ist nicht zu verkaufen, es ist zu heiß, zu kalt, wir haben Sommer, oder Winter* und was weiß ich nicht noch alles.

Jeder möchte ein riesiges Stück vom Kuchen abhaben, wenn nur nicht die äußeren Umstände so schwierig wären. Gerade in Bereichen der Finanzdienstleistung ist die Aussage manchmal sehr kurios. - Unsere Produkte sind nicht greifbar. - Stimmt. Müssen sie auch nicht.

Viele Unternehmen sind schon seit vielen Jahrzehnten am Markt. Und, was denken Sie? Alle haben schon schwierige Zeiten erlebt. Was diese Unternehmen jedoch immer geschafft haben, ist das Vertrauen der Kunden zu erhalten. Egal ob Preisanpassungen notwendig waren, die Kunden kauften es. Warum? Weil vielen Kunden die Produkttreue sehr wichtig ist.

Und da sind wir schon bei einem innovativen Computer- / Smartphone-Hersteller mit einem Branding, das mittlerweile jeder kennt. Ahnen Sie es? Richtig. Es ist Apple. Wer kennt dieses Unternehmen eigentlich nicht?

Ein absoluter Wahnsinn, in welcher affenartigen Geschwindigkeit die ein Highlight nach dem anderen am Markt etablieren. Wer jetzt denkt, dass Apple am Preisdumping im Computer- und Mobilfunkbereich mitmacht, der glaubt auch an die Zahnfee.

Dieses Unternehmen diktiert mit beispielloser Selbstsicherheit und Hartnäckigkeit seine Preise, und alle kaufen diese Produkte. Ich kenne kein Unternehmen weltweit, wo Menschen auf der Straße übernachten, um am nächsten Tag als erster im Shop zu stehen und dann unglaublich viel Geld für ein Produkt ausgeben. Ob das Marketing und die strategische Ausrichtung bei diesem Unternehmen genial ist? Keine Frage.

Steve Jobs hat mit seiner Einzigartigkeit und seinem beispiellosen Ideenreichtum ein Unternehmen, das bewiesener-maßen schon am Boden war, in nur wenigen Jahren wieder zur Nummer 1 am Markt katapultiert. Apple ist mittlerweile weltweit das wertvollste Unternehmen. Es gibt sicher noch zahlreiche gute oder sehr gute Firmengründer. Steve Jobs war jedoch immer eine besondere Ausnahme. Er war genial.

Jetzt fragen sich viele in unseren Seminaren: Was hat das mit mir zu tun. Ich brauche neue Kunden, was muss ich tun, was brauche ich dazu? Nun, nehmen Sie hiervon 3 x täglich 10 Tabletten dann ... Spaß beiseite.

Meine Antwort ist meist identisch. Nacholgendes Kapitel.

Eine gute Trainingsmöglichkeit zur Neukundengewinnung finden Sie auch hier: http://tinyurl.com/y2pbvxqz

Kapitel V

Finden Sie Ihr WARUM

**Es ist entscheidend wichtig,
WARUM Sie etwas verkaufen**

Ich würde jetzt gerne Ihren Gesichtsausdruck sehen. Entweder haben Sie jetzt einen mehr als fragenden Blick, oder Sie verstehen es. Egal wen Sie fragen, jeder erzählt Ihnen was er hat oder kann, wofür das Produkt ist, wie es funktioniert, welche Leistung blablabla.

Die wenigsten erklären, **warum** sie dieses Produkt hergestellt haben, oder **warum** sie diese Dienstleistung anbieten, welche Leidenschaft sie antreibt, und **warum** sie fest davon überzeugt sind, dass es funktioniert.

Hinterfragen Sie sich selbst. Als Unternehmer wissen Sie alles über Ihr Produkt, Sie kennen fast jeden Herstellungsprozess, jede Schraube, jedes Detail. Sie könnten sogar die Bedienungs-anleitung auswendig schreiben. Das **Warum** erfüllt den Raum jedoch meist mit Schweigen.

Es kann durchaus sein, dass Sie international expandieren wollen oder auch müssen. Möglicherweise ist es auch für Sie unbedingt notwendig, aufgrund der Materialbeschaffung in diversen Ländern Ihre Standorte zu platzieren. Der technische Fortschritt, die schnelle Warenverfügbarkeit könnten zum Beispiel ein **Warum** für Ihr Unternehmen sein. Möglicherweise auch, um ein großes Kundenumfeld schnell erreichen zu können. Denken Sie auch mal an international agierende Unternehmen und jetzt denken wir mal richtig groß. Sie alle kennen den einen Software-Hersteller, der auf so ziemlich jedem Rechner sein Betriebssystem installiert hat. Nein, nicht Apple, den anderen.

Wie hat dieses Unternehmen angefangen? Doch sicher nicht mit einer riesigen Anzahl von Mitarbeitern und an jeder Ecke der Welt ein Vertriebsbüro. Als erstes wurde doch sicher nach dem **Warum** getüftelt.

Warum braucht es ein Betriebssystem? Warum muss es mit jedem Rechner kompatibel sein? Warum soll es XYZ heißen?

Versetzen Sie sich doch einmal in die Lage eines Konsumenten, der Sie außerhalb Ihres Unternehmens ja auch sind. Warum kaufen Sie jeden Tag diverse Produkte? Warum benutzen Sie jeden Tag die gleiche Seife, die gleiche Zahnpaste oder was auch immer? Irgendetwas müssen diese Unternehmen richtig gemacht haben. Und jetzt spielen wir die Sendung „Undercover Boss" nach. Das Prinzip ist ziemlich einfach und doch genial. Der Firmenchef verkleidet sich, bewirbt sich als Praktikant in diversen Abteilungen und durchforstet sein Unternehmen.

Genial. Ich gehe davon aus, dass Sie diese Sendung schon kennen oder gesehen haben. In vielen Episoden, und ich habe so ziemlich alle gesehen, wird immer auf das „Warum" eingegangen.

Also denken Sie daran.

Kein Mensch interessiert sich zuerst dafür, wie toll dies ist, und was es so alles kann. Das alles wird erst interessant, wenn sie es geschafft haben, dem Kunden sein **Warum** zu entlocken.

Kapitel VI

Der Kundenmagnet

**Ziehen Sie Ihre Kunden an.
Abstoßen bringt keinen Sinn.**

Sind Sie ein Kundenmagnet?

Vor einigen Monaten wurde ich eingeladen zu einem Interview in der größten Therme der Welt. Die Zahlen zu den Investitionen und Auszeichnungen seit der Grundsteinlegung sind enorm. Warum erzielt diese Therme Jahr für Jahr neue Besucherrekorde und was treibt diese Leute eigentlich an?

Meine Gesprächspartner war Marcus Maier, er ist Geschäftsleiter der weltgrößten Therme in Erding bei München. Seit über 20 Jahren ist dieses „Urlaubsparadies" präsent, und für alle die, die Therme Erding noch nicht kennen, hier ein paar doch beeindruckende Daten.

Es ist ein privat finanziertes Thermalbad mit einer Gesamt-fläche von 180.000 Quadratmeter. Im Jahr 2016 waren rund 1,7 Millionen Besucher vor Ort. 2018 schon 1,8 Millionen und 2019 ist die Tendenz weiter steigend. Die Investitionskosten beliefen sich zur Grundsteinlegung bereits auf 200 Millionen Euro.

Warum ist diese Therme eigentlich so erfolgreich und was treibt die Mitarbeiter jeden Tag zu Höchstleistungen an?

Lesen Sie einen kurzen Ausschnitt aus diesem Interview. Allein schon die Einstellung des Geschäftsleiters erklärt vieles.

Wirklich das Ohr am Gast zu haben ist sehr wichtig. Unsere Gäste zahlen viel Geld und haben natürlich eine hohe Erwartung und einen hohen Anspruch an unser Haus. Wir wissen natürlich, dass es auch einige sehr gute Mitbewerber und auch sehr gute Wellnesshotels gibt.

Ich finde es ist die Hauptaufgabe unserer Mitarbeiter, hier unsere Gäste glücklich zu machen, und das gelingt uns immer besser. Genau deswegen sind unsere Gäste immer sehr entspannt. Beim Verlassen unserer Therme sagen ungefähr 60 %, dieser Tag war wie ein Tag Urlaub.

Das ist natürlich für uns das schönste Kompliment. Wenn ein Gast sich wie im Urlaub fühlt, hat er meistens keine Probleme und auch nichts zu beanstanden, was natürlich dann für die Mitarbeiter das Arbeiten leichter und angenehmer macht.

Unsere Mitarbeiter sind sehr stolz, für die Therme Erding zu arbeiten. Zur Wohlfühlatmosphäre tragen mitunter auch über 500 Palmen und unser einzigartiges kristallblaues Wasser bei. Es ist heute wirklich Erlebnis pur.

Auch im Buchungsbereich ist das Hotel Victory bei einer Auslastung von über 90 %. Und das auch in den eher umsatz-schwächeren Monaten.

Für die zukünftigen Anforderungen brauchen wir einfach noch mehr Fläche, um noch mehr Besucher glücklich machen zu können. Wir merken, dass unsere Kapazitätsgrenze langsam erreicht wird, obwohl die Therme auf eine Fläche von insgesamt 20 Fußballfelder verteilt ist.

An normalen Tagen sind wir bei ca. 6.000 Besuchern. Hier ist es wirklich immer noch angenehm. Aber an den Spitzentagen, wenn dann über 10.000 Gäste anwesend sind, wäre es wünschenswert, wenn ein weiteres großes Becken oder eine weitere Lagune vorhanden wäre. Vielleicht zusätzlich auch zwei neue Rutschen, neue Saunalandschaften, und 300 Betten mehr könnten wir noch durchaus vertragen.

Dieses Unternehmen ist meiner Meinung nach ein absoluter Kundenmagnet. Sie verstehen es, den Kunden genau dort abzuholen, wo er es erwartet. Freundlich und immer ein offenes Ohr für die Gäste und Besucher. Genau so soll es sein.

Das Positive an diesem Kapitel ist: Es gibt da draußen noch viele weitere Unternehmen, die es genau so verstanden haben. Sie gehören doch sicher auch dazu?

Kapitel VII

Der „Golden Circle" von Simon Sinek

Warum es gut ist, besser zu sein.

Als Beispiel würde ich Ihnen gerne einen Ausschnitt aus einer Übersetzung von *Simon Sineks "The Golden Circle"* zum Besten geben. Den Link zum vollständigen Video finden Sie im Anhang in diesem Buch.

Natürlich könnten wir jetzt jedes erdenkliche Szenario durchspielen. Zum besseren Verständnis bedient sich *Simon Sinek* an dem wohl bekanntesten Unternehmen weltweit. Sie ahnen es? Apple.

Wenn Apple ein „stinknormales" Unternehmen wäre, wer würde von uns auf die Idee kommen, das eigentlich viel mehr dahinter steckt? Würde dieses Unternehmen die übliche Werbemaschinerie lostreten, dann wüsste jeder: Aha, sie verkaufen Computer und Handys. Super, vielen Dank, kein Interesse. Gibt ja noch viele andere, die sich im Preiskampf die Köpfe einhauen. Was also macht Apple anders, oder sagen wir: WARUM macht es Apple besser?

Und jetzt lassen wir *Simon Sinek* zu Wort kommen.

Wenn Apple die klassischen Kommunikationswege benutzen würde, könnte eine klassische Werbebotschaft wie folgt aussehen: Ok. Wir stellen gute oder sehr gute Produkte her (Hier finden wir das „WAS"). Das Design ist sehr attraktiv, sie sind einfach zu nutzen und sind benutzerfreundlich in der Anwendung.

(Hier ist das „WIE“). Das „WARUM“ heißt: Möchten Sie diesen Computer kaufen?

Und genauso verhält es sich mit den meisten Werbebotschaften da draußen. Der Mensch ist schon dermaßen fokussiert auf diese immer wieder gleiche Werbung, dass Apple dies sehr wohl erkannt und seine Botschaft nun umgekehrt hat. Apple verkauft mehr als nur ein Produkt, aber diese Werbebotschaften beginnen immer mit dem „WARUM“. Und so wirkt diese Botschaft.

Bei allem, was wir tun, hinterfragen wir den Status quo. Wir glauben an das, warum wir etwas tun und an eine neue Denkweise. Wie hinterfragen wir den Status quo? Indem wir Produkte mit schönem Design, die einfach zu nutzen sind anbieten. Wir haben das Glück, gute Produkte herstellen zu dürfen.

Möchten Sie eines unserer Produkte kaufen?

Diese Botschaft wirkt. Sie ist einfach, und doch sehr logisch aufgebaut. Und wenn ich nicht schon alle Produkte von Apple hätte, jetzt würde ich wieder eines davon kaufen. Der größte Vorteil wäre es, wenn Unternehmen anfangen, mit dem „Warum“ beim Verkauf anzufangen. Wenn Sie richtig herum anfangen, ist es Ihre Marke, die sie jetzt vermarkten und nicht Ihr Produkt. So wird auch ein Macintosh-Käufer von Apple von dem

„Warum" verführt. Er ist somit gerne bereit, andere Produkte, sei es ein iPhone, iPad oder was auch immer zu kaufen. Ein Markenwechsel auf andere Hersteller findet somit i.d.R. nicht mehr statt. Der Kunde ist gefestigt.

Lohnt es sich nun als Unternehmer seine Werbebotschaften und das eigene **„Brand Image"** anzupassen, es zu ändern oder sogar zu verstärken? Das ist eine Maßnahme, die Sie für sich selbst entscheiden sollten.

Wir alle kennen Produkte, die in der Handhabung äußerst fragwürdig sind. Alleinig für die Bedienungsanleitung sollten Sie mehrere Sprachen beherrschen. Allerdings ist festzustellen, dass schon bei vielen Unternehmern zahlreiche Umdenkprozesse stattgefunden haben. Sei es im Markenbewusstsein, in der Produktgestaltung, oder einfach schon im Design der Verpackung.

Als bestes Beispiel könnten wir jetzt noch ein schwedisches Möbelhaus benennen. Jeder kennt es. IKEA.* Allein der Verkaufsschlager Köttbullar bewegt sich an der Milliardengrenze, pro Jahr wohlgemerkt.

Was macht also dieser Konzern absolut richtig? Er begeistert seine Kunden durch einfachste Handhabung seiner Produkte im Aufbau. Das alleine ist schon eine

Erwähnung wert. Hinzu kommt sicherlich auch, dass der simplifizierte Scandia-Style perfekt in andere Länder transportiert wird. Der Sprecher im Werbespot wurde ewig lange gecastet, bis dieser Pseudo-Schwedendialekt richtig klang (er ist nämlich kein Schwede).

Kapitel VIII

Welches Mindset hast du?

Ändern Sie Ihre Einstellung,
dann ändert sich auch Ihre
Denkweise

Britta Heidemann* durfte ich im Rahmen einer großen Unternehmer-Veranstaltung kennenlernen. Ihr sportlicher Werdegang ist schon sehr beeindruckend, wenn man Degenfechten als solches versteht. Natürlich ist dies jetzt nicht unbedingt der Breitensport, wie wir ihn aus dem Fußball kennen. Jedoch spätestens seit ihren zahlreichen Auszeichnungen - Weltmeister 2007, Olympiasieger 2008, Europameister 2009 - ist ihr Wirken und ihr Engagement in diesem Sport so ziemlich jedem bekannt.

Mit einem kurzen Auszug aus einem Interview ist ihr Mindset ziemlich gut beschrieben.

Ich wollte die beste deutsche Degenfechterin werden. Warum? Es ist die Leidenschaft, für ein selbst geplantes Ziel alles zu geben. Du opferst natürlich viel, und einiges bleibt auch auf der Strecke. Du trainiert immer und immer wieder diese eine Technik, um sie zu perfektionieren.

Du setzt dir Prioritäten mit wem, wann und warum du etwas machst. Du hast einen Plan, eine Strategie, und vor allem hast du einen Mentor. Einen Trainer, einen Ansprechpartner, jemand, der in dir dein Potential sieht, und dieses auch entfesseln kann und will. Niemand steht dir im Weg, nur du dir selbst. Und wenn du ein wirkliches Ziel hast, eine Vision, dann kämpfst du, um es zu erreichen. Such dir gute Bücher, gute Gesprächspartner und gute Motivatoren. Als Unternehmer, setz dir klare Ziele. Such dir auch hier einen Coach, einen Trainer, der dich und dein Unternehmen an die Spitze bringen kann. Es gibt so viele Unternehmer da draußen. Bringt euch aus dem Schatten ins Licht. Um die Nr. 1 zu werden, ist Ausdauer die beste Eigenschaft, die du haben solltest.

Dieses Statement habe ich so nicht erwartet, und im weiteren Gespräch war immer die Faszination für ihren Sport spürbar. Ich denke, sie lebt ihre Leidenschaft, und das ist es, was jemand strahlen lässt.

Kapitel IX

Erkannt und bekannt werden

Warum bekannt alleine nicht reicht. Die „erkannten 1 %"

Apropos strahlen. Hier sind wir bei einem weiteren, jedoch sehr wichtigen Punkt.

Erkannt und bekannt werden.

Ein immer wieder doch sehr widersprüchliches Thema. Zum besseren Verständnis verwende ich wieder ein Beispiel.

Diese Herren sind Ihnen ein Begriff?

Bill Gates, Elon Musk, Jack Ma, Mark Zuckerberg, Richard Branson* Ja? Sehr gut.

Diese doch sehr außergewöhnlichen Menschen sind so ziemlich jedem bekannt. Bekannt geworden durch ihre Produkte, ihren Erfindergeist, ihre Statements, ihr Auftreten. Das sind Menschen, die weltweites Ansehen genießen mit dem, was sie machen und wie sie entscheiden und handeln. So weit, so gut. Die entscheidende Frage ist: Wissen Sie, wann diese außergewöhnlichen Menschen erkannt worden sind?

Ich kann schon wieder Ihren fragenden Blick erahnen.

Was denken Sie, wie lange diese Menschen an ihren Zielen gearbeitet haben, um *„aus dem Schatten ins Licht"* zu kommen? Wie lange es gedauert hat, Misserfolge in Erfolge umzuwandeln, das Scheitern immer wieder zu akzeptieren, und dann trotzdem weiter zu machen? Starke Persönlichkeiten akzeptieren ihre kurzen Misserfolge, sie halten trotzdem unbeirrt an ihren Zielen fest.

Thomas A. Edison* - dieser Mann sollte Ihnen bekannt sein, außer Sie verwenden bis heute kein Licht - hat ein sehr bekanntes Zitat: *Ich habe nicht versagt, ich habe nur 10.000 Wege gefunden, die nicht funktionieren.*

Er ist erkannt worden. Der Mensch bewundert immer andere Menschen die es „irgendwie" geschafft haben. Es sind diese berühmten 1 %, die erkannt worden sind. Welche Niederlagen sie vorher erlitten haben, wie oft etwas nicht funktioniert hat, das interessiert keinen.

Ich empfehle Ihnen die Bücher von Elon Musk* zu lesen. Persönlich finde ich Elon Musk faszinierend. Alles, was er sich in den Kopf gesetzt hat, war vorher unmöglich. Egal ob es *PayPal*, *TESLA*, *SpaceX** ist – alles war unmöglich, bis er bewiesen hat, dass es funktioniert. Und wer immer noch denkt, dass der Mars nicht besiedelt werden kann, wird sich noch wundern.

Gleiches gilt auch für Richard Branson mit Virgin Galactic*. Wie hat er begonnen? Wissen Sie es?

Eines seiner berühmten Zitate sollte für jeden Unternehmer gelten: *„Wenn dir jemand eine erstaunliche Möglichkeit anbietet, und du dir nicht sicher bist ob du in der Lage bist es zu tun, sag JA und dann lerne wie du es schaffen kannst".*

Sie sollten seine Bücher lesen, dann verstehen Sie, was ihn antreibt. Der unbändige Antrieb etwas immer besser zu machen ist es, dass jemand erkannt wird. Viele bringen irgendetwas auf den Markt. Sei es ein Produkt, eine Idee, oder eine Dienstleistung und dann belassen sie es dabei. Warum? Keinen Bock mehr. Das Geld reicht ja. Falsches Denken. Wer erkannt worden ist, dem geht es nicht um Geld und Scheinwerferglanz. Diese Menschen leben ihre Vision, ihre Ziele und ihr unablässiges hartnäckiges Streben, egal wie lange es dauert.

Leider lassen sich viele Unternehmer nach einigen Fehlversuchen entmutigen. Das wird ja sowieso nichts, das kann ich nicht, sollen es doch andere besser machen. Blödsinn! Wenn Sie ein Ziel haben, dann machen Sie es. Punkt. Was glauben Sie wie lange Elon Musk mit *SpaceX** benötigt hat, eine funktionierende Rakete ins All zu bekommen? 6 Jahre. Jawohl, sechs verdammt lange Jahre. Jeder andere hätte schon nach 3 Monaten aufgegeben. Etliche Millionen Dollar lösten sich in dieser Zeit sprichwörtlich in Luft auf. Er machte trotzdem weiter. In der Zwischenzeit hat er noch so nebenbei wiederverwendbare Raketen bzw. Treibstoffbooster entwickelt, die nicht bei Eintritt in die Erdatmosphäre verglühen, sondern wieder sicher auf der Erde landen können.

Meinen Respekt hat er, und auch jeder andere Unternehmer, der an seine Ziele glaubt und daran festhält. Ihr seid großartig. Ihr seid erkannt.

Kapitel X

Der Elevator Pitch

Ihr Turbolift zum Erfolg.

Ein weiteres Thema, das mich immer wieder beschäftigt, tritt in einer derartigen Regelmäßigkeit auf, dass ich es nicht weiter verschweigen kann. Aus diesem Grund ist dies auch hier ein Thema.

Wir veranstalten wie schon erwähnt seit einigen Jahren regelmäßig Business Master-Seminare und Workshops. Ein besonderes Phänomen wurde leider immer wieder beobachtet. Es gibt tatsächlich Unternehmer, die eine Menge Zeit und Geld investieren und dann bei der Vorstellungsrunde - die ja sehr wichtig ist - nichts von sich oder ihrem Unternehmen erzählen können oder wollen. Das ist doch genauso, als wenn Sie im Kino sitzen, mit Gehörschutz und Augenblende. Das ist nicht der Sinn eines Kinobesuchs, vor allem wenn Sie dann gefragt werden, wie der Film so gewesen ist, welche Handlung, beste Szenen etc. Das wird nichts.

Der **Elevator Pitch** sollte deshalb für Unternehmer und Startups verpflichtend sein. Nun, wie funktioniert der Pitch genau?

Stellen Sie sich vor, sie sind gut gerüstet auf dem Weg zu einem Termin, oder Sie gehen in eine Bar, oder zum Essen. Auf jeden Fall: Sie gehen in die Öffentlichkeit. Und das sollten Sie auch machen. Denken Sie daran, erst dann werden Sie erkannt und bekannt.

Also Sie mischen sich unters Publikum und wie der Zufall es so will, Sie lernen einen interessanten Gesprächs-partner kennen. Es entwickelt sich ein tolles Gespräch, und er oder sie würde genau zu Ihren Kunden / Zielkunden passen.

Und jetzt passiert es. Er oder sie fragt Sie, was Sie beruflich machen. Panik? Schnappatmung? Oder souverän kurz und knapp Interesse wecken? Denken Sie daran, Sie wollen ihn oder sie als möglichen Kunden gewinnen. Der Mensch ist ziemlich einfach gestrickt, was seine Aufnahmefähigkeit betrifft. Ist ein Thema langweilig, schalten sich einige Bereiche im Gehirn ab. Das heißt mit anderen Worten, sie werden ausgeblendet. Mit einem dann höflichen „*Lassen Sie uns doch mal telefonieren*" werden Sie dann abgespeist und schon ist das Abseits da. Wollen Sie das? Es muss ja nicht so kompliziert sein.

Denken Sie selbst mal an Situationen, die vielleicht schon Jahre zurückliegen. An ein Gespräch, einen Film, einen besonderen Menschen. Was machte diese Situation aus, dass genau diese Gedanken bis heute in Ihrem Kopf geblieben sind. Ein Satz? Eine Geste? Es müssen nie viele Informationen vorhanden sein, um im Gedächtnis zu bleiben. Der Pitch, also der Wurf des Pitchers zum Schlagmann ist genau das, worauf es auch im Baseball ankommt. Schnell und kurz. Wenn es Sie interessiert, die Funktion und die Regeln hierzu finden Sie im Internet.

Auf alle Fälle sollte so Ihre Präsentation sein. Kurz, knackig und präzise. Auf den Punkt genau.

Ihre Firma, Ihre Idee ist in Ihrem Kopf. Und da bleibt sie auch, wenn Sie nicht Begeisterung und Interesse bei Ihrem Gesprächspartner bzw. Kunden wecken. Es gibt verschiedenste Ansätze *wie lange* eine *kurze* Präsentation dauern sollte. Ein Wortspiel am Rand.

Jedoch sind 120 Sekunden das maximale Zeitfenster, um sich bei Ihrem Gesprächspartner ins Gedächtnis zu brennen. Dabei sollten Sie sich auf die wesentlichen Elemente konzentrieren, die Sie oder Ihr Produkt, Ihre Firma auszeichnet, und warum Ihr Gesprächspartner dann nicht mehr ohne Sie leben kann und will. Okay, ein wenig dick aufgetragen, aber Sie verstehen, was ich damit sagen will.

Das Wichtigste daran ist: Auch Sie können es lernen, wenn Sie wollen, und es ist eigentlich sehr einfach. Begeistern Sie mit dem, was Sie tun und was Sie besonders für Ihren Gesprächspartner macht. Dann klappt es. Ich kann Sie jedoch beruhigen. Ich war anfangs nicht besser, was glauben Sie wie ich herumgestolpert bin, bis ich es endlich verstanden habe. Weniger ist bekanntlich mehr.

Also keine Panik. Es ist definitiv erlernbar.

Nur Mut.

Kapitel XI

Sachlich vs. Emotionen

Wie Werbung wirken kann

Werben Sie richtig? Schwenken wir doch mal in den Consumer-Bereich.

Vergleichen Sie am besten mal die Werbung aus früherer Zeit mit der heutigen Werbung. Fällt Ihnen was auf? Richtig, aufgrund der damals mangelhaften Werbemöglichkeiten - und es waren nicht fünf Fernsehgeräte im Haushalt und an jeder Ecke Radios vorhanden - war die Werbebotschaft zur damaligen Zeit länger. Geschuldet der Tatsache, dass es verstanden werden musste. Der frühere Werbekonsum beschränkte sich auf einige wenige Informationen, die ihre Wirkung nicht verfehlen durften.

Kennen Sie noch die erste Persil-Werbung des deutschen Fernsehens von 1956 mit Beppo Brem und Liesl Karlstadt?

Werbung war früher auch schon frech und gleichzeitig amüsant. Die Information jedoch blieb meistens durch elendig lange Textpassagen auf der Strecke. Werbeminuten kosten heute ein kleines Vermögen. Genau aus diesem Grund wird das Wesentliche in den Vordergrund gebracht. Heutzutage können Sie sich auf speziell vorhandenen Privat-kanälen 24 Stunden lang mit Werbung zuballern lassen, wenn Sie wollen. Egal ob Sie dann die siebte Uhr gekauft haben, oder die zwanzigste

Steppdecke. Das Gehirn ist für diese Masse an Informationen sowieso nicht geeignet.

Also greifen die Werbeagenturen immer auf eine einfache Taktik zurück: Sie erzeugen Bilder im Kopf. Heutige gute Werbung weckt Emotionen und je nach Produkt sogar Begierde. Die frühere Autowerbung war zum Beispiel eine Katastrophe. Jede Menge Ausstattung, PS, Farben, Informationen ohne Ende. Und heute?

Denken Sie jetzt mal nicht an *„Freude am Fahren"* oder an die vier Ringe. Haben Sie ein Bild im Kopf? Es funktioniert perfekt. Wahrscheinlich fahren Sie bereits dieses Auto. Erzeugen Sie Emotionen und Bilder im Kopf Ihres Gesprächspartners. Kein Mensch interessiert sich dafür, ob sie der beste XY aus Z sind.

Ich hatte einmal das Vergnügen mit einem Verkäufer für Häuser inklusive Bauplanung und Finanzierung zu sprechen. Ja, ich hatte tatsächlich einmal vor ein Haus zu kaufen bzw. zu finanzieren. Also dieser Verkäufer erzählte mir alles über Zinsen, Laufzeiten, Kosten, Gebühren und Steuern. Sachlich gesehen korrekt, und nach dem Gespräch hatte ich fast eine vollständige Ausbildung in diesem Bereich hinter mir. Nur eines hat er komplett vergessen: Er hat am Thema völlig vorbei geredet. Ich wollte damals ein Haus kaufen, und hatte noch keine

Vorstellung wie es auszusehen hat. Was hätte dieser Verkäufer also machen sollen?

Spielen wir es durch, Sie sind jetzt bitte mal mein Kunde.

Sie haben sich entschlossen ein Haus zu bauen. Das ist ein sehr guter Entschluss. Was soll es denn genau für ein Haus werden? Ich sehe, Sie sind mit ihrer wundervollen Gattin hier. Dann wahrscheinlich einen schönen Bungalow, oder doch lieber ...

Wo darf das Haus gebaut werden? Sicher doch in bester Südlage mit einer wundervollen großen Terrasse mit Blick auf die Alpen, oder doch lieber mit Blick aufs Meer? Am Morgen können Sie schon durch Ihre Panoramafenster im Wohnzimmer auf Ihren wunderschönen Garten blicken. Die Sonne spiegelt sich schon in Ihrem Infinity Pool mit großzügiger Liegefläche für Ihre Teakholz-Gartenmöbel mit schneeweißen Bezügen. Natürlich wollen Sie auch diesen Ausblick, vorbei am offenen Echtholz-Kamin, aus Ihrer anthrazitfarbigen Designer Küche mit beleuchteter weißer Marmor-Arbeitsplatte genießen. Am besten auch mit direktem überdachten Zugang über den Wintergarten mit Zitronen und Orangenbäumen zur Terrasse. Der Geruch der Blüten ist echt betörend. Ihre Frau liebt Rosen? Die Farbenpracht aus Rot, Weiß, Lila, ein Wahnsinn. Sie könnten Ihrer Frau damit jeden Tag eine Freude bereiten ...

Das können wir jetzt bis zur Badezimmerfliese in Terrakotta 40 x 40cm durchspielen. Und: Sie haben spätestens jetzt Bilder im Kopf und kaufen das Haus definitiv.

Zinsbindung, Finanzierungsdauer, Notarkosten etc. kommt alles danach. Also beim nächsten Gespräch denken Sie daran. Wecken Sie für ihre Produkte, Ihre Dienstleistungen ein Bedürfnis und erzeugen Sie Emotionen.

Und denken Sie daran: Das Sachliche ist wichtig, aber vorerst nicht entscheidend.

Kapitel XII

Social Media?
Brauchen wir nicht!

Wieso richtige Werbung für Ihr Unternehmen entscheidend sein kann

Wie denken Sie eigentlich über Social Media? Also alles, was Facebook und Co. seit Jahren sehr aktiv und mit unglaublichem Aufwand in die Köpfe der Menschen hämmert.

Ein Trend ist das schon lange nicht mehr, vielmehr ein Massenphänomen. Jeder, der heutzutage ein Smartphone sein Eigen nennt, hat mindestens einen Social Media-Anbieter in Dauerbenutzung.

Kennen Sie alle Anbieter? Ich kann Sie beruhigen, ich auch nicht. Es werden Jahr für Jahr mehr davon. Mark Zuckerberg*, einer der Gründer von Facebook, hat wahrscheinlich zu damaliger Studienzeit niemals damit gerechnet, dass aus einem Studentennetzwerk dieser globale Magnet entsteht. Genauso wie XING, Instagram, Twitter, LinkedIn und was immer noch alles da draußen im weltweiten Netzwerk herumschwirrt. Alle nutzen eine einzige Sache, und das machen sie gut. Sie nutzen INFORMATIONEN.

Genau genommen alle Informationen, die jeder von sich mehr oder weniger preisgibt. Ob das gut ist? Nun, jeder hat es selbst in der Hand, wie viel er von sich an Informationen ins Netz stellt.

Für Sie als Unternehmer ist auch diese gigantische Werbeplattform zur Verfügung gestellt worden.

Tagtäglich werben unzählige Firmen weltweit um Kunden, und bieten Produkte sowie Dienstleistungen über diese Anbieter an. Die Umsatzzahlen bestätigen vielen Unternehmen eine Steigerung aufgrund des Einsatzes von gezielter Werbung über Social Media-Kanäle.

Natürlich gibt es auch Firmen, die keine positiven Erfahrungen mit Social Media-Werbung gemacht haben. Der Grund ist, dass diese Firmen falsches Marketing betreiben. Das fängt meistens schon mit der Homepage an. Und jetzt Hand aufs Herz: Wann wurde Ihre Internetpräsenz, also ihre Homepage das letzte Mal aktualisiert?

Wir hatten in unseren Workshops und Seminaren schon Unternehmen, bei denen die Fotos auf der Firmenhomepage „uralt" gewesen sind. Es gab Verlinkungen, die ins Leere laufen. Suchbegriffe und Hashtags? Fehlanzeige. Informationen die aussehen, als ob hier noch mit der guten alten Schreibmaschine und BTX gearbeitet wird. Nichts gegen diese „antiken" Schreibgeräte, für Nostalgie sind jedoch andere Sparten zuständig. Es gibt einen einfachen, und doch absolut richtigen Spruch, der sich leider immer wieder bestätigt:

„Wer nicht wirbt, der stirbt"

Und: *Falsch geworben ist auch gestorben.*

Sie als Unternehmer haben doch das gleiche Recht auf Erfolg. Dann nutzen Sie endlich diese Möglichkeiten der Werbung. Es gibt sogar mittlerweile richtig erfahrene Firmen und Dienstleister, die sich hierauf spezialisiert haben.

Natürlich kostet das wieder ein wenig Zeit, und auch Ihr Geld. Aber: Es ist Ihr Unternehmen, Ihr Herzblut. Lassen Sie Ihr Unternehmen über die wichtigsten Social Media-Anbieter und mit dem richtigen Marketing wieder leuchten. Ich bin mir sicher, Sie kennen aus ihrem Umfeld, oder durch Partnerschaften mit anderen Unternehmen, die eine oder andere Firma, die darin richtig gut ist.

Nutzen Sie diese Kontakte. Egal ob es sich um große Unternehmen, Dienstleister, Motivationstrainer, Verkaufstrainer oder einfach nur um den Bäcker an der Ecke handelt. Sie alle wollen eines gemeinsam: Erkannt werden. Das wiederum erledigen die fleißigen Helferlein im Hintergrund, die eine optimale Werbestrategie für diese Firmen bzw. Personen ausgearbeitet und zielgerichtet darauf zugeschnitten haben.

Das können Sie auch. Also ran ans Werk. Sie schaffen das!

Kapitel XIII

„Updaten" Sie sich

**Frischer Wind für Ihr Unternehmen.
Motivation will gelernt sein.**

Eine der interessantesten Erkenntnisse entwickelte sich im Jahr 2016 im Rahmen einer sehr ungewöhnlichen Veranstaltung in Landshut. Ich war zum damaligen Zeitpunkt noch nie auf einer „Vertriebsoffensive" von *Dirk Kreuter** gewesen.

Zum damaligen Zeitpunkt hat mich das auch nicht sonderlich interessiert. Um den Ticketpreis einsparen zu können, und vor allem um endlich hinter die Kulissen blicken zu dürfen, bewarb ich mich als Helfer für diese zweitägige Veranstaltung.

Meine Angst war größer als meine Freude, als wir unsere Zusagen zur Veranstaltung bekommen haben

Ich kannte *Dirk Kreuter* nur vom Hören sagen, und sein Team war mit komplett unbekannt.

Mit dem berühmten „flauen Magen" und jeder Menge Vorurteile bepackt, fuhren wir nach Landshut zur Veranstaltung.

Was würde uns erwarten? Wie sind diese Leute drauf? Was ist zu tun? Viele Fragen, die uns doch etwas nervös machten. Wir waren viel zu früh vor Ort, und außer dem Team war noch keiner der zu erwartenden zigtausend Gäste vorhanden. Zu meiner bzw. unserer allgemeinen Überraschung waren ausnahmslos alle Mitarbeiter sehr freundlich und hilfsbereit. Warum auch nicht? Immer diese Vorurteile.

Wir bekamen unsere Backstage-Pässe, Zugangskarten und diverse Give-aways in rauen Mengen für die Besucher ausgehändigt. Die T-Shirts habe ich natürlich noch immer, sehr coole Werbung.

Wie soll ich Ihnen das damalige Gefühl am besten beschreiben? Nun, Sie gehen in eine menschenleere Halle für ca. 5.000 Leute. Die Bestuhlung war dermaßen dicht, also war die Halle restlos ausgebucht.

Die Bühne war in ihrer Größe doch sehr einnehmend und ich ging schnurstracks in diese Richtung, um von dort oben einen Eindruck über den Saal zu bekommen.

Alles war schon fertig für die anstehende Veranstaltung und da stand ich nun. Was muss 5.000 Menschen dazu bewegen, eine zweitägige Veranstaltung zum Thema Vertrieb und Verkauf zu buchen, und zum Teil doch sehr weite Anreisewege in Kauf zu nehmen?

Zum Einlasstermin strömten - ich formuliere es mal anders - es schossen nahezu 5.000 Menschen mit einer affenartigen Geschwindigkeit durch alle Tore dieser Messehalle und auf die Bestuhlungen, um den besten Platz zu ergattern. Die Stimmung im Saal war mit einer absolut positiven Stimmung nahezu geschwängert. Alle freuten sich auf die nun kommende Veranstaltung.

Um hinter die Kulissen blicken zu können, war unsere Entscheidung als Helfer zu arbeiten goldrichtig. Der Input an Hintergrundinformationen war genial. Und genau diese Veranstaltung war ein Wendepunkt für mich, und sicher für viele der Teilnehmer ebenso.

In diesen beiden Tagen hatte ich noch einige Male die Gelegenheit für viele konstruktive Gespräche mit den Teilnehmern. Auch das Team um *Dirk Kreuter* gab mir immer bereitwillig Informationen über seinen Werdegang - so unähnlich waren wir uns nicht. Beide aus dem langjährigen Verkauf, vieles erlebt und trotzdem immer wieder weiter auf das Ziel fokussiert.

Was bringt das nun für Sie? Nun, wenn Sie wieder mal eine Einladung für ein Event, einen Workshop oder für eine Vertriebsveranstaltung bekommen, dann überlegen Sie: Bringt es mich weiter, habe ich und mein Unternehmen hiervon einen Vorteil?

Wenn ja, zögern Sie nicht. Sie werden auf jeden Fall erkannt. Nutzen Sie diesen Input, tauschen Sie sich mit anderen erfolgreichen Menschen aus, nutzen Sie dieses Wissen, um sich auf den neuesten Stand „updaten" zu lassen.

Ob *Dirk Kreuter* bis 2020 eine Million Menschen zu besseren Verkäufern geschult hat? Wir werden es erfahren. Weshalb sollte er es weiter machen? Jetzt kennen Sie sein WARUM. Er macht es für uns. Und das ist sein Erfolg.

Wenn Sie jetzt davon überzeugt sind, nutzen Sie seine nächste Vertriebsoffensive, oder unsere Business Master Veranstaltungen. Ich kann es bestens empfehlen.

Klicken Sie auf die Verlinkungen für mehr Informationen zur **Vertriebsoffensive** und zur Homepage von **Dirk Kreuter**.

Kapitel XIV

Liebe Deine Kunden

Bist du beliebt, wirst du geliebt.

Im Bereich der Finanzdienstleistung hatte ich damals einen sehr erfolgreichen Kollegen, den alle, vor allem die jüngeren, sehr respektierten. Er hatte auch den liebevollen Namen *The Brain*, das Gehirn, da er wirklich alles im Kopf behalten konnte. Egal wann etwas gesagt worden ist, er wusste genau, wann und wo es erwähnt worden ist. Sein Wissensschatz war aufgrund der langen Jahre sehr umfassend. Sein Kundenstamm, und das ist diesem Geschäft sehr wichtig, wuchs kontinuierlich, und im Vergleich zu vielen anderen Kollegen sehr schnell, sodass wir uns natürlich gefragt haben: Wie macht er das?

Die Antwort war so einfach und kurz wie seine gesamte Art es war:

„Liebe deine Kunden!"

Ich vermute er hat in einige verständnislose Gesichter geblickt, da seine Antwort unmittelbar daraufhin folgte:

Behandelt eure Kunden so, wie ihr gerne behandelt werden wollt. Stellt euch vor, ihr geht zum Beispiel in einen Baumarkt und wollt einen teuren Artikel kaufen. Die Beratung war umfassend, die Details wurden genau erörtert, die Kosten und der Nutzen wurde auch hinreichend geklärt, und der Verkäufer war TOP. Also kauft ihr diesen Artikel. Nach einiger Zeit stellt ihr fest, dass trotzdem noch einige Fragen offen sind, oder der gekaufte Artikel funktioniert nicht so, wie es zuvor vielleicht besprochen oder erhofft wurde.

Also vereinbart ihr einen neuen Termin mit dem damaligen TOP-Verkäufer. Zum Termin wird Ihnen dann mitgeteilt, dass der Verkäufer gerade keine Zeit, Urlaub oder den Termin einfach vergessen hat. Auch seine Vertretung erweist sich als nicht sonderlich kundenfreundlich.

Wie fühlt sich das für Sie an? Richtig, ziemlich veräppelt. So sollte kein Kundentermin aussehen. Die traurige Wahrheit sieht jedoch genauso aus. Es werden schnell Abschlüsse getätigt, vielleicht noch ein Termin zur Nachbesprechung, und wenn überhaupt, nach einem Jahr nochmal, um zu klären, ob alles in Ordnung ist. Das ist doch keine Kundenbindung. Der Kunde fühlt sich oft zu Recht vernachlässigt.

Erklärungsintensive Produkte verlangen von beiden Seiten einen hohen Grad an Kommunikation. Hier geht es nicht um ein paar belegte Brötchen, sondern um Sicherheit, Zuverlässigkeit, Kompetenz und Nachhaltigkeit. Der Kunde genauso wie der Verkäufer sollten zueinander Vertrauen aufbauen können. Erst dann kann auch von einer guten Kundenbindung gesprochen werden.

Er formulierte es auf seine Art wie folgt: Wenn ihr liebt was ihr tut, dann erkennt euer Kunde genau das. Ob ihr alles wissen müsst? Das ist sekundär. Primär ist euer Kunde im Mittelpunkt. Und genau das muss er spüren.

Die Quote seiner Weiterempfehlungen ist demnach enorm. Er wusste also genau, auf was es ankommt.

Liebt eure Kunden.

Schenkt ihnen Vertrauen. Betreut sie umfassend, sie haben es mehr als verdient. Sie vertrauen euch in vielen Fällen ihr Leben, ihre zukünftige Finanzierung oder Lebensqualität an. Hier mit der Brechstange, oder wie die Axt im Wald durchzuforsten ist weder sinnvoll, noch entspricht dies einer echten Dienstleistung. Wenn Sie das Wort genau nehmen, ist Ihr Dienst an eine Leistung gekoppelt. Je besser Sie diese Leistung vollbringen, umso mehr dürfen Sie auch verdienen. Das ist dann auch gerechtfertigt.

In anderen Ländern ist die Dienstleistung immer im Vordergrund. Hier ist der Gast immer noch König.

Ob mein damaliger Kollege mit seinen Kunden weiterhin erfolgreich ist? Davon können Sie ausgehen.

Kapitel XV

Die Welt braucht erfolgreiche Menschen

Was wir von ihnen lernen können und auch sollten.

Apropos erfolgreich. Dr. Claudia Enkelmann ist die Tochter von Nikolaus Enkelmann. Sagt Ihnen nichts?

Das Institut Enkelmann ist einer der führenden Anbieter von Seminaren für Persönlichkeitsbildung im deutschsprachigen Raum. Seit über vierzig Jahren unterrichtet, und unterstützt das Institut Enkelmann Menschen zu ei-

ner einzigartigen Persönlichkeitsentwicklung. Die Konzentration auf Erfolg ist eines der Erfolgs-Systeme.

Im Rahmen eines Seminars im Jahr 2016 durfte ich Frau Dr. Enkelmann persönlich kennenlernen, und zu einem kurzen Interview einladen.

Ihre Vita ist schon sehr außergewöhnlich. Sie promovierte in Soziologie, Pädagogik und Psychologie an der Universität Augsburg und führt seit einigen Jahren in Nachfolge Ihres Vaters das Institut in Königstein.

Diese Frau hat Charakter. Es gibt wenige Menschen, die diese sofortige Wirkung erzielen können. Positive Ausstrahlung ist per se kein Geheimnis, sondern als solches eine Mitwirkung der Rhetorik und der Körpersprache.

Wir alle kennen Menschen, die eine gewisse Ausstrahlung, eine Art unsichtbares Band besitzen, zu denen wir uns irgendwie hingezogen fühlen. Sie wirken auf ihre Weise.

Ein kurzer Ausschnitt aus einem Interview aus dem Jahr 2016 beschreibt am besten ihre Denkweise.

Der Mensch ist das lernfähigste Wesen von allen. Und wir kennen es aus der Evolutionsgeschichte. Wer sich nicht weiterentwickelt, der bleibt zwangsläufig auf der Strecke. Wir können uns ein Leben lang weiterentwickeln, und dadurch auch im geistigen Sinn weiter wachsen.

Mich interessieren Menschen, die mehr vom Leben wollen, die mehr erreichen wollen, die aufsteigen, ja sogar endlich auffallen wollen.

Ich studiere seit über 20 Jahren Aufsteiger. Auch in meiner Doktorarbeit, die ich über die erfolgreichsten Menschen im Vertrieb geschrieben habe.

Was ist an diesen Menschen anders, was hilft ihnen, ihren Weg zu gehen?

Die wichtigste Säule, die wir gefunden haben ist, dass diese Menschen eine starke Persönlichkeit brauchen und auch haben sollten. Dafür kann man was tun, und dafür sollte man auch was tun.

Viele Menschen geben jedoch viel Geld aus für Urlaub, sie stecken unglaublich viel Geld in ihre Autos, manchmal auch in die falschen Partner. Aber in die eigene Persönlichkeit wird nichts investiert, im Glauben: ,Ich bin so wie ich bin, da kann ich nichts daran ändern'.

Der Mensch kann jedoch alles werden, und viele Persönlichkeiten von morgen sind heute noch unbekannt. Sie lernen nur von den Besten, denn das Wissen, das hierfür notwendig ist, das kommt nicht von selbst.

Es ist legitim, dass ich mein Wissen von anderen Menschen aufnehmen und dieses dann natürlich weiter verwenden kann, und auch sollte.

Jeder Mensch darf diese Möglichkeit jeden Tag aufs Neue nutzen. Die richtigen Entscheidungen zu treffen, den richtigen Schritt zu mehr Erfolg zu gehen. Den Mut aufzubringen, mehr aus sich zu machen.

Es fängt schon im Kindesalter an. Viele möchten das nicht hören. Jedoch: Kinder brauchen erfolgreiche Eltern. Von wem sollen sie es sonst lernen, wie sie erfolgreich werden können? In der Schule lernen sie alles, sie lernen jedoch immer in der Vergangenheit. Die Schule ist kein Ort, um Kinder fit für die Gegenwart oder besser für die Zukunft zu machen. Sie lernen viele Dinge, aber nicht wie wichtig es ist, durch den persönlichen Erfolg glücklich zu werden.

Auch nach der Schule werden sie zum Ausbildungsbeginn wieder in ein fachliches Schema gepresst. Zum Wohle der Gesellschaft oder der Familie.

Ob sie eigene Wünsche und Träume haben, bleibt in den meisten Fällen unberücksichtigt.

Denken Sie mal an die vielen Menschen, die einen Beruf lernen mussten, weil die Eltern gesagt haben:

Das musst du machen, wer soll sonst den Betrieb über-nehmen?

Da ist das Scheitern schon vorprogrammiert. Diese Generationen veräußern dann nach der Übergabe in Windeseile die „geerbten" Unternehmen.

Kein Wunder, nicht jeder ist automatisch ein guter Unternehmer, nur weil seine Eltern dies sind oder waren. Gerade zur heutigen Zeit gibt es unzählige Firmenübergaben und Generationswechsel.

Die Schwierigkeit ist immer die gleiche: Der „Patriarch" möchte gerne an seinen Nachfolger übergeben, aber immer noch eine Hintertür offen lassen, falls sich sein Sprössling nicht so entwickelt, wie er es gerne hätte.

Das kann nicht funktionieren. Und glauben Sie mir: Es sind nicht wenige Gespräche, die wir jedes Jahr aufs Neue mit unseren Kollegen führen, und dann an die zuständigen Spezialisten verweisen.

Machen Sie es besser. Als Unternehmer sollten Sie ein Vorbild sein. Ihre Mitarbeiter, Ihre Kunden danken es Ihnen. Da bin ich mir sicher.

Kapitel XVI

Die Macht der Rhetorik

Reden Sie sich erfolgreich

Persönlich finde ich die Rhetorik, also die Kunst der öffentlichen und freien Rede, einen weiteren Schlüssel zum persönlichen Erfolg. Sich richtig artikulieren zu können ist eine entscheidende Bedingung für viele aktive Teile des Lebens.

Sie kennen sicher den ehemaligen amerikanischen Präsident *Barack Obama*. Vor seinem Amtsantritt im Januar 2009 war er außerhalb der USA nicht sonderlich bekannt.

Was machte ihn oder was macht ihn so populär? Es war, und es ist seine Art zu reden, seine Gestik und seine Körperhaltung.

Haben Sie es gewusst? Bei seiner Amtseinführung musste *Barack Obama* nochmal den Amtseid ablegen. Der genaue Wortlaut war nicht ganz korrekt gewesen, ein Wort war an der falschen Stelle. Eigentlich hatte dieser kleine Fehler auf die Vereidigung keinerlei Auswirkung. Barack Obama wollte jedoch diesen kleinen Fehler nicht hinnehmen.

Was sagt das über diese Person aus? Ist dieser Mann integer und sich seiner Position bewusst gewesen? Auf jeden Fall. Jeder andere hätte wahrscheinlich diesen Lapsus als normal angesehen. Ist ja nur ein Wort.

Gute bzw. sehr gute Redner und rhetorisch geschulte Menschen machen selten bis gar keine Fehler. Die Körpersprache, also die Haltung und Gestik, kommt in den meisten Fällen vor dem gesprochenen Wort. Hier scheitern jedoch schon sehr viele ungeübte an Kleinigkeiten. Dies lässt sich aufgrund der vorhandenen Nervosität auch nicht vermeiden und ist menschlich.

Jeder, der schon einmal vor versammelter Mannschaft oder eine öffentliche Rede gehalten hat weiß: Lampenfieber gehört immer dazu. Der Fokus der Zuhörer liegt, wie es auch schon im Wort benannt ist, beim zuhören. Und hier sollten die Worte, die gesprochen werden, überzeugen, oder noch besser, sie sollen eine Faszination beim Publikum erzeugen.

Das gesprochene Wort kann alles zunichte machen, es kann aber auch viel Gutes bewirken.

Auch nach seiner Amtszeit ist *Barack Obama** ein überaus gern gebuchter und geschätzter Gastredner, und viele Menschen zahlen eine Menge Geld für seine Vorträge und ein Foto mit dem ehemaligen Präsidenten.

Was macht ihn so begehrt? Er versteht es, seine Zuhörer zu fesseln, sie in seinen Bann zu ziehen.

Und sind wir ehrlich. Sein Start zum Präsidentschaftskandidaten war gerade in Amerika alles andere als leicht. Sie kennen sicher die ganzen Geschichten darüber.

Hat er seine Rhetorik von damals zu heute weiter verbessert? Er hatte sicher die besten Trainer weltweit, die ihn auf diesem Weg begleitet haben.

Denken Sie mal an andere großartige Redner. *Martin Luther King - I have a dream*, oder *John F. Kennedys* Zitat aus dem Jahr 1961: *Ich bin ein Berliner.*

In unserer früheren Zeit war *Helmut Schmidt** ein begnadeter politischer Redner. Seine scharfen Argumente und sachlichen Darstellungen wurden seine Visitenkarte. Es gibt zahlreiche Aufzeichnungen seiner Reden im Bundestag und bei diversen Talkshows. Ob es daran lag, dass er aus Hamburg kam? Das denke ich nicht. Er war von seiner Kompetenz überzeugt. Davon können sich heutzutage eine Menge Menschen mehr als eine Scheibe abschneiden.

Zwei meiner Lieblingsbücher möchte ich Ihnen nicht vorenthalten. Diese großartigen Werke beziehen sich auf die Kunst der öffentlichen Rede und auf die Macht der Rhetorik. Beide Bücher finden Sie im Anhang benannt.

Es ist bemerkenswert, welche Möglichkeiten wir heutzutage besitzen, um unseren geistigen Horizont erweitern zu können. Bücher sind für mich deswegen auch ein Teil des stetigen Lernprozesses.

Dass wir in Sachen Rhetorik noch jede Menge „Luft nach oben" haben ist definitiv sicher. Können wir dies von erfolgreichen Menschen lernen, und auch davon profitieren? Unbedingt!

Es gibt momentan eine Vielzahl von Verkaufstrainern, Motivationstrainern, Businesstrainern und Rhetoriktrainern am Markt. Die Medien, insbesondere im Social Media-Bereich sind voll davon. Wir haben somit die Qual der Wahl, einen passenden Trainer für uns zu selektieren.

Im vorigen Kapital habe ich schon einige vorgestellt. Diese waren für meinen Werdegang von großer Bedeutung. Dies bedeutet jedoch nicht, dass ich mit meiner Auswahl am Ende bin. In nächster Zeit sind wieder zahlreiche Seminare in Vorbereitung, die für viele Unternehmer und Startups sicher wieder einiges an wertvollen Informationen enthalten.

Auch wir müssen uns immer wieder neuen Herausforderungen stellen. Der stetige Lernprozess bringt somit auch frischen Wind in unsere grauen Zellen.

Was können Sie tun? Nun, ich möchte Ihnen keinen „weisen Rat" geben, oder Ratschläge, wie dies oder das zu tun ist. Das sollten Sie für sich entscheiden.

Wenn Sie bereit sind Ihre Rhetorik zu verbessern, dann fangen Sie an. Es wäre eine absolute Zeitverschwendung, dies nicht wenigstens zu versuchen.

Wer weiß, eventuell sehen wir uns ja auf einem unserer gut besuchten Business Master-Seminare oder Business Master Pro-Workshops

Was können wir nun davon lernen? Überzeugen Sie, inspirieren und motivieren Sie. Begeistern Sie Ihre Mitarbeiter und Kunden.

Sie sollten es Ihnen wert sein.

Kapitel XVII

Der Tod und die Steuer

Sind wir nicht alle ein wenig

Joe Black?

Kennen Sie den Film *Rendezvous mit Joe Black?* Ich vermute schon. Der Film und seine Handlung sind eigentlich ganz okay, der jedoch entscheidendste Satz ist in seiner Dramatik exakt auf den Punkt getroffen:

„Nichts ist so sicher wie der Tod und die Steuer."

Wenn Sie dieses Thema etwas verwundert, so ist das durchaus von mir auch so beabsichtigt.

Nehmen wir mal an, Sie kennen jemanden, der gerade dabei ist ein Unternehmen zu gründen. Er hat als Startup eine geniale Idee, die jeder unbedingt benötigt – denkt er wenigstens. Seine Hausaufgaben hat er auch so weit erledigt, also Business Plan, Zielgruppenanalyse, Einkauf, Warensortiment und so weiter. Die Finanzierung ist auch schon in trockenen Tüchern. Über die Notwendigkeit von Räumlichkeiten hat er sich auch schon bestens informiert. Kurzum, am Stichtag der Eröffnung bzw. Gründung ist alles perfekt.

Und jetzt geht's los. Seine Produkte verkaufen sich wie von selbst, die Absatzzahlen sind weit über den Erwartungen. Alle wollen seine Produkte kaufen. Ein Wunschtraum vieler Gründer. Es erfolgt nach kurzer Zeit die Expansion. Die ersten Investitionen werden getätigt, ein oder mehrere Firmenautos werden geleast oder finanziert, Mitarbeiter werden eingestellt, und natürlich ist aus den Umsätzen schon ein akzeptables Eigengehalt eingeplant. Man will ja auch leben, nicht wahr.

So vergehen die ersten Monate, und wenn überhaupt schon vorhanden, rät ihm sein Steuerberater, - wenn er gut ist, - doch endlich daran zu denken, Rücklagen für eventuelle Steuerzahlungen zu bilden.

Natürlich, die Steuer, aber es eilt ja noch nicht, erst mal weiter investieren und expandieren. Die Steuer kommt ja erst in ein paar Jahren. Und schwups, ist dieses leidige Thema schon wieder ausgeblendet. Dann kommt irgendwann auch schon der erste Jahresabschluss, natürlich mit einem hohen Verlustvortrag, man hat ja schließlich investieren müssen, also weiter wie bisher. Passt schon. Das wird schon alles. Lassen wir uns noch ein wenig Zeit, um in die Gewinnzone zu kommen.

Was die meisten vergessen, und davon kann ich Ihnen genügend Einzelfälle auflisten: Mit Vergabe der Steuernummer ist unser Startup steuerlich erfasst. Und das Wort „erfasst" ist schon ziemlich delikat, „er" (also der Staat) fasst dem Unternehmer an die Geldbörse, er ist also in der steuerlichen Erfassung, und somit dazu verpflichtet alle Angaben zum festgesetzten Zeitpunkt abzugeben.

D.h. er ist jetzt rechtlich dazu verdonnert worden, Angaben zu seinen Ein- und Ausgaben zu machen bzw. ab einer bestimmten Summe auch zu bilanzieren. Aber soweit wollen wir noch nicht planen.

In der Regel genießen viele Neugründungen in den ersten Jahren noch den „Welpenschutz". Das heißt Verlustvorträge, Steuerabschreibungen etc. sind in vielen Fällen auch notwendig und somit akzeptabel. Allerdings ist auch hier irgendwann mal Schluss.
Was unser Jungunternehmer nämlich bis dato überhaupt nicht bedacht hat ist, Rücklagen für die zukünftige Steuerzahlungen zu bilden, und auch für eventuelle Steuervorauszahlungen. An alles wurde gedacht, nur nicht an die Steuer, und jetzt kommt es genauso wie es im Film genannt wird.

„Nichts ist so sicher wie der Tod und die Steuer."

Sollte unser Jungunternehmer jetzt nicht noch ein finanzielles As in Form von irgendwelchen kurzfristigen Geldquellen im Ärmel haben, ereilt ihn der finanzielle Tod schneller als er denkt.

In vielen Gesprächen ist dies immer wieder ein Thema mit Brisanz. *Der Staat ist so gierig, das Finanzamt ist gierig, alle haben sich gegen mich verschworen, und*

und sonstige Schimpftiraden. Alles ist in dieser Situation durchaus verständlich, allerdings auch, dass wir ein gültiges Steuerrecht haben, und das nicht erst seit kurzer Zeit. Die erste Regel als Unternehmer lautet, und zwar bevor auch nur ein Euro investiert wird: Rücklagen zu bilden. Als Faustformel sollten zwischen 10 – 20 % des Umsatzes in die Steuerrücklagen fließen, und erst dann in die Investition. Ein guter Steuerberater sollte dies von Anfang an mit seinem Mandanten besprechen und ihn natürlich auch dann darauf hinweisen, dies zu tun. Dann gibt es bei Steuerfälligkeit weder Panikattacken noch schlaflose Nächte.

Also bedenken wir für unseren Jungunternehmer: Die Steuer ist eine Notwendigkeit und es ist besser, diese zu akzeptieren. Ansonsten:

„Nichts ist so sicher wie ...“

Kapitel XVIII

Hemmschwellen im Kopf

Gute Verkäufer finden Sie nicht an jeder Ecke

Gehen Sie gelegentlich auf Messen? Also nicht in die Kirche, sondern zu Ausstellungen wie z.b. Handwerksmessen, IAA, CEBIT usw. Wenn ja, dann wird Ihnen viel von diesem Kapitel bekannt vorkommen.

Ausstellungen und Messen werden von vielen Unternehmen mit hohem finanziellen, und organisatorischen Aufwand geplant und durchgeführt.
Zu meiner Zeit war die CEBIT ein absolutes Muss für alle Hersteller und Händler aus dem IT- und Consumer-Bereich. Die Messehallen waren bis auf den letzten Winkel ausgebucht und teilweise wurde monströse Messestände bis unter die Decke gebaut. Die Erwartungen an Neuaufträge während der Messe waren und sind auch heutzutage natürlich sehr groß und für viele Firmen einer der größten Umsatzbringer neben dem täglichen Geschäft.

Ein Phänomen, welches auch heute noch festzustellen ist: Viele Aussteller schirmen ihre Messestände und Präsentationsflächen zum Publikum ab getreu der Devise *„Du kommst hier nicht rein, nur mit Einladung".*

Wer hat sich solch eine Unsitte einfallen lassen?

Es werden regelrecht Barrieren zum möglichen Messebesucher aufgebaut, und die Verkäufer am Stand haben teilweise eine Verkaufstaktik, die nicht verständlich ist. Es hat bei vielen den Eindruck, dass sie überhaupt keine Lust haben am Verkauf oder am Kundengespräch. Ich habe leider oft beobachten können, dass Messebesucher regelrecht missachtet wurden. Auch Verstecken spielen ist anscheinend eine neue Verkaufstaktik, die ich jedoch bis heute noch nicht verstanden habe. Vielleicht bin ich auch anders als diese „Top Verkäufer".

Weshalb verschwinden Verkäufer plötzlich und spurlos, wenn Kunden trotz Barrieren und Stolperfallen es schaffen, auf den Messestand zu gelangen? Klasse finde ich auch - natürlich sarkastisch gemeint - dass einige Verkäufer von ihren Produkten so wenig Ahnung haben wie ich vom Raketenbau.

Da werden teils haarsträubende Aussagen, Testberichte und Qualitätsmerkmale in den Vordergrund geschummelt, dass sich die Balken biegen. Und diese Verkaufskanonen denken dann allen Ernstes, dass der Kunde so dumm ist, dies alles auch nur im Ansatz zu glauben. Im Zeitalter des Internet sind tatsächlich viele Kunden bereits besser über ihr Wunschprodukt informiert als diese „Experten".

Ein besonderes Highlight durfte ich vor einiger Zeit nach einem Messebesuch und einer ausgefüllten „Gewinnspielkarte" - ja, auch ich bin schon darauf hereingefallen - genießen.

An einem schönen Sommertag, es war so gegen 11.00 Uhr vormittags, läutete ein Vertreter für Staubsauger an unserer Haustüre. Wir hatten zu dieser Zeit gerade ein Haus gemietet. Höflich wie ich bin habe ich mir gedacht, lass ihn rein, mal schauen, was er so alles kann, und wie gut er rhetorisch geschult ist. Das Erscheinungsbild und das Auftreten möchte ich Ihnen jetzt ersparen, aber so gehe ich nicht zu einem Kunden, geschweige denn außer Haus. Nun, er hatte einen sehr großen Staubsauger im Gepäck mit allerlei Zubehörartikel.

Nach einem kurzen „kennenlernen" und einem längeren Rundgang durch das Haus kam er auch ohne Umwege auf sein auswendig gelerntes Verkaufsgespräch. *Dieser Staubsauger reinigt alle Ihre Teppichböden mit enormer Saugkraft, und der spezielle Milbenfilter ist ideal für alle Arten von Hausstaub-milben (Gibt es davon mehr?). Der dazu passende Dampfaufsatz reinigt dann Ihre Teppiche porentief, und natürlich werden die Farben dank des patentierten Zusatzgeräts auch wieder strahlend.* Enorm, was dieses Gerät alles kann. Auch dieser Setpreis war enorm.

Es prasselte eine knappe halbe Stunde ein Intermezzo von Fachausdrücken auf mich ein, u*nd wenn ich mich jetzt dazu entschließen würde, das Gerät mit Zubehör zu kaufen, dann bekomme ich noch ein paar Mikrosuperduftperlen inkl. Aufsatz dazu.*

Dann duftet der Teppich sogar noch nach Lavendel.

PHÄNOMENAL

Und jetzt wird es amüsant. Sie haben sicher gelesen, dass wir einen Rundgang durch das Haus vor unserem Gespräch gemacht hatten. Spätestens hier hätte er erkennen müssen, dass im gesamten Haus nur Fliesen und Parkett verlegt worden ist. Auch während des Gesprächs habe ich ihn mehrmals darauf hingewiesen, dass eventuell unser Nachbar der wahrscheinlich bessere Kunde wäre. Der hat nur Teppichböden und einen Hund.

Das Beste kommt immer zum Schluss.

Da unser Top Verkäufer jetzt endlich erkannt hatte, dass wir keinen Teppich haben, war sein Schlusssatz extrem pampig.
Fliesen sind nicht gesund und Parkettböden sind Raubbau an der Natur. Sowas hat man heute nicht mehr, und falls Sie sich entschließen, über die Fliesen und Parkettböden einen Teppichboden verlegen zu lassen, dann können Sie mich anrufen.

Ist er nicht ein sympathisches Kerlchen?

Ich möchte jetzt jedoch eine Lanze brechen. Natürlich gibt es auch sehr gute Verkäufer und vielleicht hatte dieser Verkäufer auch Verkaufsdruck, aber so funktioniert es nicht. Ich kenne viele Verkäufer, die immer volle Terminkalender und zahlreiche Neukundentermine verbuchen können. Auch auf Messen gibt es wirkliche Vollblutverkäufer und diese sind auch für jedes Unternehmen entscheidend wichtig.

Was machen sie nun anders? Eine logische Feststellung wäre, dass diese Top Verkäufer gerne mit Menschen, und somit auch mit ihren Kunden und Besuchern höflich reden und kommunizieren. Diese Verkäufer haben das „gewisse Extra". Ist es ihre Ausstrahlung oder Kompetenz, oder auch einfach nur ihre Herzlichkeit, lachend auf Kunden mit Blickkontakt zuzugehen? Diese Gespräche beinhalten dann auch eine angenehme Verkaufsatmosphäre, die ohne Druck aufgebaut wird. Und sind wir mal ehrlich, jeder möchte doch ohne Druck etwas kaufen. Wenn ein Verkäufer es schafft, ohne Druck mit Sogwirkung zu verkaufen, erst dann ist es kein Verkaufen, sondern ein Angebot mit anschließendem Kaufauftrag.

Ich wünsche Ihnen diese TOP Verkäufer und viele Geschäfte mit diesem angenehmen Geschäftsabschluss.

Kapitel XIX

Der Erfolg entsteht im Kopf

Denken Sie was Sie wollen, solange es positiv ist.

Manchmal sind es diese kleinen ungewöhnlichen Abkürzungen, die uns ein „Licht aufgehen lassen".

Es gibt viele Wege, die sie im Laufe ihres Unternehmerlebens gehen können. Sie müssen sich nur entschließen, den ersten Schritt zu wagen, der Rest wird sich zeigen.

Zum heutigen Tag kann ich auch für mich feststellen, dass die Wege, die ich beschritten habe, oftmals in eine andere Richtung als geplant gezeigt haben. Vielmals habe ich auch Frustration gespürt, warum dieser Weg wieder so umständlich ist.

Aber hey, so ist das Leben. Wer sagt, dass es immer leicht ist. Auch umständliche und manchmal falsche Wege haben eines gemeinsam: Irgendwie ist ein Ziel in Sicht. Und sollte gerade dieser Weg nicht direkt dort hingeführt haben, was macht es schon? Sie haben etwas Neues ausprobiert, eine neue Situation bewältigt.

Was auch immer, Sie haben etwas daraus lernen dürfen.

Wer von sich behauptet nicht mehr lernen zu müssen, der stirbt innerlich. Er gibt sich auf. Und das Schlimmste daran: Er hört auf besser werden zu wollen. Das liegt jedoch nicht in der Natur des Menschen. Wir streben immer weiter zu mehr Wissen, mehr Erkenntnis, mehr

Genialität. Was haben wir allein in den letzten hundert Jahren alles erschaffen. Es waren Meilensteine in der Wissenschaft und der Forschung. Der Mensch ist an sich schon ein Wunder. Er kann so viel Gutes bewirken, wenn er will, und davon bin ich fest überzeugt.

Was hat das jetzt mit Ihnen zu tun? Nun, Sie sind Unternehmer oder starten gerade Ihre Karriere? Dann haben Sie schon eine Menge getan. Seien es gute Produkte oder innovative Ideen, die Sie entwickelt haben, die unsere Welt von morgen wieder ein wenig besser machen. Sie geben Menschen einen sicheren Arbeitsplatz, eine sichere Zukunft. Sie sind einer von denjenigen, die den Motor der Wirtschaft in Schwung halten. Als Startup beginnen Sie mit Ihren Ideen, ihrer Leidenschaft Neues umzusetzen, das vielleicht Unmögliche möglich zu machen. Dinge und Projekte in Gang zu setzen, die niemand für möglich gehalten hat.

Unternehmer oder Startups: Beide sind unverzichtbare Elemente für unsere Wirtschaft, und ohne sie geht es einfach nicht.

Was kommt als nächstes?

Es gibt noch unzählige unerkannte Unternehmen und Startups da draußen. Menschen mit Visionen, die für mich oder für uns momentan noch unvorstellbar sind. Diese doch wagemutigen und entschlossenen Menschen, die klare Ziele verfolgen, diese konsequent umsetzen, die trotz aller Hindernisse weitermachen und

NIEMALS AUFGEBEN.

Habe ich die Möglichkeit, diese Unternehmer kennenzulernen? Nun, die Chancen stehen 50:50. Das ist besser als jedes Glücksspiel. Und wer weiß, vielleicht sind es gerade Sie als verehrter Leser, den ich als herausragenden Unternehmer oder Startup auf unseren Business Master-Seminaren oder Business Master Pro-Workshops kennenlernen oder interviewen darf. Wenn ich die Chance dazu bekomme, ich würde Sie sehr herzlich begrüßen.

Ob wir das alles erreichen können?

Nun, die einzigen Grenzen, die vorhanden sind, entstehen im Kopf, in den eigenen Gedanken. Warum sollten wir unser Leben durch unsere Gedanken begrenzen lassen? Ich sehe keinen Grund darin. Bleiben Sie wagemutig, übermütig, sprengen Sie die Grenzen Ihrer Vorstellungskraft. Da draußen ist jede Menge Platz. Den Erfolgreichen gehört die Welt.

Der Erfolg entsteht im Kopf

Buchverweise, Verlinkungen, Buchempfehlungen

Claus Hipp - https://www.hipp.de

Apple - https://www.apple.com

Simon Sinek - https://www.ted.com/talks/simon_sinek_how_great_leaders_inspire_action?language=de

IKEA - https://www.ikea.com/de/de/

Britta Heidemann - https://britta-heidemann.de/de-137-Biographie

Elevator Pitch - https://de.wikipedia.org/wiki/Elevator_Pitch

Bill Gates - https://www.gatesnotes.com

Elon Musk - https://twitter.com/elonmusk?lang=de

Mark Zuckerberg - https://de.wikipedia.org/wiki/Mark_Zuckerberg

Jack Ma - https://de.wikipedia.org/wiki/Jack_Ma

Richard Branson - https://de.wikipedia.org/wiki/Richard_Branson

Thomas A.Edison - https://de.wikipedia.org/wiki/Thomas_Alva_Edison

Institut Enkelmann - https://enkelmann.de

Dirk Kreuter - https://dirkkreuter.com

Neukunden mit Garantie http://tinyurl.com/y2pbvxqz

PayPal, Tesla, SpaceX - https://www.handels-blatt.com/technik/forschung-innovation/tesla-spacex-und-paypal-diese-unternehmen-machten-elon-musk-zum-milliardaer/19623722.html?ticket=ST-131749-f7kjcFRfCPEer0VCelH9-ap1

Virgin Galactic -https://www.virgingalactic.com

Helmut Schmidt - https://www.hdg.de/lemo/biografie/helmut-schmidt.html

Barack Obama - https://de.wikipedia.org/wiki/Barack_Obama

Martin Luther King - https://de.wikipedia.org/wiki/Martin_Luther_King

John F. Kennedy - https://de.wikipedia.org/wiki/John_F._Kennedy

Buchempfehlungen

Ted Talks - Die Kunst der öffentlichen Rede - ISBN9783596034840

Die Macht der Rhetorik - ISBN 978-3-86881-700-3

Vera F. Birkenbihl - Kommunikationstraining - ISBN 978-3-86852-446-9

Dirk Kreuter - Entscheidung Erfolg (kostenfrei)

Podcast

Unter dem Namen **erfolgimkopf** finden Sie bereits diverse Interviews, auch zum Download auf iTunes.

Die Podcast Episoden werden dauernd erweitert. Nutzen Sie die Möglichkeit zum kostenfreien Abo, dann versäumen Sie garantiert keine Episode mit interessanten Gesprächspartnern und Unternehmern.

Internet und Bildung

Seminare, Workshops und Neuigkeiten finden Sie in Kürze wieder auf meiner Homepage

www.vogtchristian.de

Schauen sie doch mal vorbei.

In einer Zeit des raschen wirtschaftlichen und technischen Wandels sind Bildung, Ausbildung und Fortbildung entscheidend.

Richard von Weizäcker